PROJET

DE

CONSTITUTION.

REPRÉSENTANTS DE LA NATION,

Vous êtes appelés à constituer un gouvernement.

Chaque ligne que vous allez tracer aura son immense portée sur le sort de la France.

Le gouvernement républicain est le seul qui soit aujourd'hui possible.

Mais les systèmes de républiques sont sans nombre.

Voulez-vous une république :

Comme celle de Rome, avec son sénat permanent et aristocratique, ses consuls rivaux, son dictateur absolu, ses tribuns turbulents, ses patriciens orgueilleux, son peuple inoccupé, ses esclaves avilis?

Comme celle de Sparte, avec ses deux rois, ses éphores, ses vertus tristes et farouches, sa monnaie de fer, ses maigres repas en commun, ses ilotes sacrifiés?

Comme celle d'Athènes, avec ses archontes perpétuels, décennaux ou annuels, ses capricieuses assemblées, son mélange d'héroïsme et de lâcheté, d'engouement et d'ingratitude?

Voulez-vous copier les Etats-Unis?

Voulez-vous faire revivre la Convention, le Directoire, un premier Consul?

Voulez-vous une fédération qui anéantisse notre nationalité?

Voulez-vous le communisme? C'est-à-dire, ne voulez-vous plus

1848

d'amour filial, d'amour conjugal, d'amour paternel, de propriété, de commerce, d'arts, de sciences?

L'imitation servile ne peut vous séduire. Créer du nouveau, qui ne ressemble à aucun précédent, serait difficile.

L'éclectisme politique est votre mission.

§ 1. — PRINCIPES GÉNÉRAUX.

Mais, avant de constituer, il faut poser quelques principes généraux.

Le peuple est souverain. C'est le droit; c'est le fait.

Mais qu'est-ce que le peuple? C'est-à-dire :

De qui se compose-t-il?

Y a-t-il, dans sa vie politique, perpétuité ou renouvellement?

Sa composition : question des sexes, — question d'âge de la majorité politique, — question des incapacités, — question des indignités.

Sa vie politique : Elle est éternelle quant à l'ensemble; — Par les naissances, les décès, l'âge de majorité, son renouvellement est de chaque jour.

Conséquence de ces réflexions :

Ce qui ne composera pas le peuple ne sera pour rien dans les décisions politiques du peuple.

Le peuple, renouvelé, en partie, chaque jour, aurait le droit de voter chaque jour sur la forme de son gouvernement.

Mais, de là résulterait la mort de toutes choses; car l'agitation et l'instabilité tuent les ressources du pays.

Il faut y renoncer.

Fixer des époques annuelles, quinquennales, ou décennales, de vote constituant, ne serait conforme ni au droit théorique résultant d'un renouvellement incessant, ni aux grands intérêts du calme qui veulent de la perpétuité.

Il faut admettre que le peuple politique n'a qu'une vie unique et permanente; et que, maître de tout changer par un soulèvement général, il donne, chaque jour, son adhésion à ce qui existe en ne le renversant pas.

C'est là la base fondamentale du pouvoir constituant.

§ 2. — DROITS DE L'HOMME.

Les droits de l'homme se bornent à deux : la liberté, l'égalité. — Liberté sans frein, est oppression sans limite. — Egalité de forces, d'intelligence (et, par suite, de fortune), est hors nature.

La vraie liberté est seulement le droit de faire ce que la LOI ne défend pas.

L'égalité vraie est seulement le droit de ceux que la LOI n'en exclut pas, de participer, de la même manière, à tout ce qui est institué ou réglé par la LOI.

Tous autres droits dérivent de ceux là.

Ne disons pas : « *Plus* de classes » ; ce serait supposer qu'il en existe ; tandis que la révolution sociale est dès longtemgs achevée. Point de classes, dit tout ; c'est ce qui est.

La fraternité est une vertu. Pratiquons-là ; n'en parlons pas.

§ 3. — LA LOI.

La LOI, œuvre du pouvoir législatif, crée les institutions qui forment l'organisation sociale ; elle règle tous les rapports politiques, civils, d'ordre et de sûreté, des citoyens entre eux.

La réunion des Français étant matériellement impossible en une seule assemblée, le peuple nomme des délégués.

L'ensemble de ses délégués forme le pouvoir législatif.

La loi constitutionnelle, c'est ce que vous allez faire ; car, avant tout, il nous faut un gouvernement ; et vous êtes pouvoir constituant.

Les lois ordinaires, c'est ce que vous pourrez faire ensuite, et ce que devra faire le pouvoir législatif que vous aurez créé.

§ 4. — BASES DE LA CONSTITUTION.

Tout gouvernement doit agir sans cesse pour le maintien, la défense et la direction de l'Etat.

1. — Pouvoir exécutif.

Entre quelles mains sera le pouvoir exécutif?

Dans l'Assemblée législative?

S'il faut une délibération véritable de toute une assemblée pour chacun des actes de la puissance exécutive, il y aura impossibilité physique à la marche des affaires, — dont l'urgence est souvent de minute à minute.

Si la délibération n'est pas véritable, quelques meneurs (un seul peut-être) feront tout.

Le pouvoir exécutif ne sera que déguisé.

Il y aura fausseté, et point de responsabilité. Le danger serait grand.

Il faut placer le pouvoir exécutif ailleurs.

Entre les mains d'un seul homme? C'est trop peu. — Insuffisance intellectuelle, d'une part; ambition, de l'autre; sont des vices qui pourraient facilement perdre l'Etat.

Deux? Rivalité, partage d'opinion; lutte ou inaction.

Cinq, sept, dix (1)? C'est trop. Longueur des délibérations, intrigues, coteries; faiblesse et troubles.

Trois, c'est le mieux: la perfection n'est pas de ce monde.

Trois personnes peuvent s'éclairer par la discussion. La persévérance dans un mauvais système est moins à redouter que de la part d'un seul homme; et la décision peut être presque aussi rapidement prise. Dans une délibération de trois voix, la majorité se forme en un instant.

Ne donnons pas à ces trois hommes un nom romain ou grec. Appelons les directeurs, comme les cinq de l'an III.

2. — Pouvoir législatif.

Le pouvoir législatif sera-t-il confié à une chambre ou à deux?

Voulez-vous sincèrement la stabilité qui soit le calme, la richesse, la puissance et le bonheur de la nation? Ne créez pas un pouvoir législatif menaçant et tracassier, qui soit toujours prêt à blâmer, jalouser, écraser, le pouvoir exécutif.

Une seule chambre serait dans ces conditions. Puissance réellement souveraine, comme représentant le peuple, elle supportera impatiemment, si nul contrepoids ne s'y oppose, le pouvoir exécutif, qui tremblera devant elle et s'anéantira.

Le pouvoir législatif partagé entre deux chambres aurait une attitude tout autre. L'ambition du souverain commandement n'y pourrait pas naître; une des deux assemblées serait modérée par

(1) La Constitution de 1793 en voulait 24. art. 62.

l'autre; le pouvoir exécutif aurait appui en l'une d'elle si l'autre l'attaquait injustement; de là, sécurité et force dans son action.

Deux chambres donc.

Elles se réuniraient seulement pour l'élection des trois directeurs (1).

3. — Durée des pouvoirs.

Le renouvellement du directoire devrait se faire par tiers. Pour les deux premières années l'élimination aurait lieu (à la fin de chacune d'elles) par le sort. La réélection d'un directeur sortant ne pourrait pas avoir lieu avant un an.

Le renouvellement des chambres aussi par tiers.

L'élimination comme pour le Directoire. La réélection permise sans intervalle.

La question du renouvellement en masse ou par fractions est grave.

Encore une fois, si vous voulez du calme pour la République, craignez les commotions trop violentes, les changements de systèmes trop brusques, trop complets. Rattachez-vous à la puissance de ses traditions. Liez toujours son passé à son présent. Améliorez-la et ne la bouleversez pas.

4. — Conditions d'éligibilité.

Si l'on admettait que l'une des deux chambres dût représenter la propriété, chaque département devrait former une liste des cent plus imposés, dans laquelle les choix seraient faits.

Mais ce système exciterait trop de répulsion. Plus bas, je reviendrai sur la question de cens. En ce moment, je déclare que la condition d'éligibilité me paraît devoir se borner à l'âge. La maturité d'esprit que donnent les années, est un privilège qui ne fait pas d'envieux. — 1re chambre de 25 à 45 ans. 2e chambre 45 ans et au delà.

---

(1) Une seule chambre, Constitution de 1789 (1er oct.), art. 5. — Convention, 10 août 1792, art. 1er, invitation au peuple de la former. — 21 sept. constituée. — art. 1er du ch. 1er du tit. 3 de la Constitution du 3 sept. 1791; art. 39 de la Constitution de 1793.
Deux chambres, art. 44 de la Constitution de l'an III, et Constitution de l'an VIII, tit 3.

5. — Indemnité,

L'indemnité est indispensable là où aucune condition de fortune n'est admise. 2 fr. par myriamètre pour le voyage (autant pour le retour), et 20 fr. par jour, doivent suffire.

6. — Nombre des Députés.

Première chambre, cinq cents. Seconde chambre, trois cents.

7. — Ministres.

Avec un Directoire délibérant, et par conséquent, gouvernant par lui-même, les ministres ne sont que des chefs d'administration, responsables seulement dans les limites ordinaires du droit civil et criminel.

Ils doivent être chargés des discussions devant les chambres, où ne doivent point paraître les membres du pouvoir exécutif.

8. — Pouvoir judiciaire.

Le jury en matière civile suppose une faculté de comprendre les affaires qui n'est point donnée à ceux qui ne les pratiquent pas. D'ailleurs, le droit et le fait sont sans cesse mêlés ensemble d'une façon inextricable.

Vous avez une bonne organisation judiciaire, conservez-en le principe.

Je parlerai plus loin de l'inamovibilité des juges.

9. — Armée.

Elle doit être essentiellement obéissante. C'est l'expression consacrée (Loi des 6-12 déc. 1790, tit. 1er, art. 5.—Art. 12 du tit. 4 de de la Constitution de 1791.—Art 275 de la Constitution de l'an III. — Art. 84 de la Constitution de l'an 8.) On ne peut rien changer à cette règle (1).

(1) La Constitution de 1793 portait, art. 114 : « La différence des grades, leurs « marques distinctives et la subordination ne subsistent que relativement au service « et pendant sa durée. » — Ayez une armée avec une telle règle ! — Et pourtant, elle ajoutait, art. 114 : « Nul corps armé ne peut délibérer. »

10. — Élections.

Doit-il y avoir deux degrés d'élection ou un seul, c'est-à-dire, le peuple doit-il seulement nommer des électeurs chargés eux-mêmes d'élire les députés, ou doit-il nommer les députés directement?

L'agitation parmi les prétendants à la députation sera toujours grande et se communiquera davantage, sans doute, aux masses si elles ont le pouvoir d'élection directe. Et l'agitation des masses, fréquemment renouvelée, nuit à tous les travaux utiles.

Néanmoins, cette agitation aura toujours un contrepoids dans l'indifférence du grand nombre, c'est-à-dire, dans l'apathie politique des gens qui ne prétendent à rien.

Mais, pour le triomphe du bon sens, l'élection à deux degrés est préférable.

Suivant le bon sens, il est de l'essence d'une œuvre électorale, qu'un électeur sache ce qu'il fait, c'est-à-dire, connaisse celui qu'il élit.

Dans l'élection directe des députés, le nombre des hommes à choisir est si petit par rapport au nombre des électeurs, que les candidats sont totalement inconnus de l'immense majorité de ceux qui doivent les élire.

Est-ce là une garantie de bon choix?

Les masses ne sont-elles pas alors obligées de voter, d'une façon aveugle, pour des noms qu'on leur présente et que, jusques-là, elles n'avaient peut-être pas même entendu prononcer?

N'est-ce pas là un état de chose favorable à l'intrigue seulement, et défavorable aux choix éclairés, aux volontés réelles du peuple?

Dans l'élection à deux degrés, on commence par nommer des électeurs dans chaque localité. Le choix de ces électeurs peut être fait avec connaissance et intelligence, puisqu'il s'agit d'hommes à prendre au milieu de ceux qui doivent les nommer — C'est une raison d'espérer que les choix seront bons.

Les électeurs se réunissent pour nommer les députés. Ces électeurs sont en position de s'éclairer sur la valeur des candidats à la députation. Les choix faits par eux pourront donc être le fruit de la réflexion et de la volonté véritable.

N'est-ce pas là le mieux?

La Constitution de 1789 (décret du 22 déc., art. 17, 22 et suiv.) voulait les deux degrés. La Constitution de 1791 (Art. 6 de la sect.

2 du ch. 1er du tit. 3, art. 1er de la section suivante) les voulait également. — La Constitution de 1793 (Art. 23), voulait l'élection directe. — La Constitution de l'an III (Art. 27, 33, 41) a rétabli les deux degrés.—Ne parlons pas de la Constitution de l'an VIII qui faisait élire les législateurs par le Sénat (Art. 20), nommé lui-même, moitié par les consuls, et la seconde moitié par la première. (Procès-verbal du 3 nivôse an VIII, B. 341, nº 3509.)

Sur quatre constitutions, les trois seules qui aient eu une sérieuse existence ont voulu l'élection à deux degrés. C'est une autorité assez puissante à invoquer.

11. — Électeurs.

Sexes.

Poser la question de savoir si les femmes partageront avec les hommes le pouvoir électoral, ce serait s'attirer des sourires de pitié.

Une moitié du genre humain est ici exclue des droits que l'autre s'attribue.

Et dans tous les contrats civils, les femmes, non mariées, sont, devant la loi, identiquement sur le même pied que les hommes.

Je n'émets point d'opinion; mais la chose mérite qu'on en parle. L'exemple des siècles ne suffit pas. Pendant combien de siècles le monde n'a-t-il pas aussi adopté l'esclavage? — Principe d'une part, inconvénients de l'autre; voilà ce qu'on doit prendre au sérieux et mettre en balance.

Age.

La Constitution de 1789 voulait que le citoyen actif, c'est-à-dire, l'électeur du 1er degré, eût 25 ans (Art. 3 de la sect. 1re du décret du 22 déc). La Constitution de 1791, 25 ans (Art. 2 de la sect. 2 du ch. 1er du tit. 3). — La Constitution de 1793, 21 ans (Art. 4). La Constitution de l'an III, 21 ans (Art. 8). La Constitution de l'an VIII, 21 ans (Art. 2) (1).

On peut être émancipé à 15 ans, tester à 16 ans, se marier à 18 (Art. 477, 904, 144, Cod. civ.); être instituteur à 18 ans (Art. 4 de

---

(1) La loi du 5 fév. 1817 avait fixé l'âge des électeurs à 30 ans, celle du 19 avril 1831, à 25 ans.

la loi du 28 juin 1833), soldat à 20 ans (Art. 5 de la loi du 21 mars 1832).

Il n'y a rien d'absolu sur l'époque à laquelle l'enfant devient homme.—Il est probable que la majorité de 21 ans, adoptée par les Constitutions de l'an III et de l'an VIII et par le Code civil (Art. 388), sera celle qu'on admettra, parce qu'on y est habitué.

Cens.

N'exiger aucun cens, c'est aller jusqu'à accorder le droit électoral aux mendiants et aux vagabonds.

On peut dire, il est vrai, pourquoi les vagabonds et les mendiants ne seraient-ils pas électeurs? Ils ont, comme tous autres, à stipuler les intérêts de leur liberté individuelle.

Cependant, la Constitution de 89, celle de 91 et celle de l'an III voulaient un cens (1789, contribution directe de la valeur de trois journées de travail. — 1791, de même. — An III, une contribution foncière ou personnelle. Art. déjà cités).

L'exigence du cens ne serait pas conforme au principe pur de l'égalité. Mais la Constitution peut prononcer des incapacités. Le vagabond déclaré tel, non-seulement par un jugement, mais par l'opinion de sa commune, le mendiant valide, qui se dégrade en tendant la main au lieu de travailler, ne sont-ils pas incapables, sinon indignes, d'être électeurs?

Domesticité.

La Constitution de 1789 faisait de la domesticité une cause d'exclusion. Celle de 1791 de même. Celle de l'an III n'excluait que les domestiques attachés au service de la personne ou du ménage (Art. 13, n° 3). Celle de l'an VIII de même (Art. 5).—La Constitution de 1793 ne reconnaissait point de domesticité, mais seulement un engagement de soins et de reconnaissance (Art. 18).

Peut-être pourrait-on faire comme la Constitution de l'an III, une distinction entre les domestiques attachés à la culture des terres et ceux qui sont attachés au service des personnes. Néanmoins, les fonctions d'électeurs supposent, en principe, une indépendance que la domesticité ne suppose pas en fait.

Démence.

Etre dans son bon sens est la première de toutes les conditions pour remplir un droit civique. Que les interdits par jugement soient incapables d'être électeurs, il n'y a pas lieu au doute, en général, sur ce point. Je dis : en général, parceque l'interdiction pourrait avoir seulement pour motif une monomanie qui laisserait à l'esprit sa justesse sur tous autres points. Cependant, je crois qu'on sera d'accord sur l'incapacité totale de toute personne interdite par un jugement, sans examen de la cause (Art. 5 de la Constitution de l'an VIII, 13 de celle de 1791.)

Mais bien des idiots, bien des fous furieux, bien des imbéciles, bien des gens tombés dans la démence sénile, ne sont pas interdits. Il ne suffit pas, que d'eux-mêmes, ils ne songent pas à se présenter aux élections; il faut qu'on ne puisse pas les y présenter.

La commune doit avoir le droit de constater leur incapacité politique.

Armée.

En théorie, l'emploi du citoyen, comme militaire, ne devrait le priver d'aucun droit civique. En application, l'armée, hors du territoire français, est dans l'impossibilité réelle de voter; et, dans l'intérieur de la France même, il n'est pas possible qu'elle donne des votes réfléchis. Est-ce que le soldat, sorti si jeune de son pays, est capable de faire un choix parmi les habitants de son département, de son canton et même de sa commune? Son incapacité est évidente, et il y a des évidences telles qu'il ne faut pas les méconnaître.

Un vote électoral, d'ailleurs, s'il était fait en connaissance de cause, supposerait des délibérations interdites à la troupe et profondément dangereuses pour la discipline.

L'armée ne devrait donc point prendre part aux élections.

Étrangers.

Que les étrangers soient incapables d'être électeurs, ce n'est pas là une chose à mettre en question. Mais il s'agit de savoir ce qu'on doit entendre par étrangers.

La Constitution de 1791, art. 3 du tit. 2,—celle de 1793, art. 4,

—celle de l'an III, art. 10,—celle de l'an VIII, art. 3, ont eu leurs différents systèmes sur l'admission des étrangers à la qualité de citoyen.

Toute exigence d'un serment civique ou d'une déclaration d'intention de résidence, à faire, on ne sait devant qui, me semble une mesure mauvaise, et qui, d'ailleurs, étant facultative, laisse au pouvoir de l'étranger de ne point se soumettre aux charges, en jouissant des avantages du sol.

On devrait déclarer que dix ans de résidence en France, avant la majorité, ou cinq ans après la majorité, et le paiement d'une contribution quelconque, donnent à l'étranger les droits de citoyen français et lui en imposent les charges.

Empêchements.

Les malades retenus chez eux ne peuvent point envoyer leurs votes. La sincérité du vote doit être certifiée par la présence de l'électeur.

Les détenus, condamnés même à des peines qui ne doivent pas les faire déclarer indignes, ne peuvent pas non plus exercer leur droit électoral.

Il en est de même des détenus qui ne sont que prévenus ou accusés. Jusqu'au jugement, la prévention ou l'accusation ne doivent pas entraîner la privation des droits civiques. On peut donc dire que c'est à tort, en principe, que la Constitution de 1791 (art. 5 de la sect. 2 du ch. 1er du tit. 3), prononce l'exclusion de ceux qui sont en accusation; la Constitution de 1793 (art. 6), leur suspension; la Constitution de l'an III (art. 13), et la Constitution de l'an VIII (art. 5), de même. Mais comme les gens qui sont en état d'accusation, c'est-à-dire qui sont accusés de crimes, sont toujours détenus ou en fuite, il y a empêchement au vote.

Indignité.

La condamnation à des peines afflictives ou infamantes est, suivant les Constitutions de 1793 (art. 5), de l'an III (art. 12), de l'an VIII, (art. 4), une cause de perte de l'exercice des droits de citoyen. Assurément on sera d'accord, aujourd'hui, pour accueillir cette règle; mais elle ne peut pas suffire. Une assemblée d'électeurs ne doit pas admettre un voleur dans son sein, quelles que soient la nature et la durée de la peine à laquelle il ait été condamné.

Il faut donc espérer qu'on posera comme règle que nul condamné, à quelque peine que ce soit, pour vol, filouterie, escroquerie ou abus de confiance, ne fera partie d'un collége électoral.

Lorsque, pour d'autres causes, les tribunaux correctionnels auront, en vertu de l'art. 42 du Code pénal, prononcé une interdiction de vote et d'élection, il ne s'agira que d'appliquer la décision.

Il y a certains délits qui ne sont pas moins honteux que le vol (l'attentat aux mœurs, par exemple, la dévastation de récoltes, l'empoisonnement de bestiaux), et qui, quand les tribunaux les ont jugés dignes d'un emprisonnement d'un an au moins, me sembleraient aussi être une juste cause d'exclusion des assemblées électorales.

La position de débiteur failli est déclarée cause de suspension de l'exercice des droits de citoyen, par l'art. 13 de la Constitution de l'an III et l'art. 5 de celle de l'an VIII ; cause d'exclusion par le décret du 22 déc. 1789, art. 5 de la sect. 1re, et l'art. 5 de la sect. 2 du ch. 1er du tit. 3 de la Constitution de 1791.

La Constitution de l'an III et celle de l'an 8 y ajoutent l'héritier immédiat détenteur de la succession d'un failli. Le décret de 1789 étendait l'exclusion aux enfants qui retiendraient les biens de leur père mort insolvable.

Cette indignité, prononcée contre des héritiers, part d'un sentiment louable. Mais c'est pousser la rigueur trop loin. Pour établir le fait, d'ailleurs, il faudrait souvent un procès.

Quant au failli, je pense qu'on sera d'accord pour le suspendre de ses droits électoraux. On peut être fort honnête homme et tomber en faillite. Mais les convenances sociales ne permettent pas que celui qui ne peut pas payer ses dettes fasse partie d'une assemblée politique.

Domicile.

Le domicile dans le canton où l'on vote est exigé par le décret du 22 déc. 1789 (un an) et par la Constitution de 1791. Par l'art. 4 de la Constitution de 1793, par l'art. 8 de celle de l'an III, le domicile exigé est seulement celui de la France. Par l'art. 6 de la Constitution de l'an VIII, la résidence (d'un an) doit avoir eu lieu dans l'arrondissement où l'on exerce ses droits.

Exiger un domicile certain, c'est un moyen naturel d'éloigner les vagabonds ; mais toute liberté devrait être laissée à chaque citoyen domicilié d'exercer ses droits électoraux partout où il paierait une contribution quelconque, sans aucune des formalités prescrites par l'art. 10 de la loi du 19 avril 1831.

12. — Eligibles.

Quand il n'existe qu'un degré d'élection, il n'y a qu'une classe d'éligibles politiques; il y en a deux, lorsque les deux degrés d'élection sont admis.

La Constitution de 1793, qui voulait l'élection politique directe (art. 23), voulait cependant, en outre, une *élection d'électeurs* (art. 38). Ces *électeurs* ainsi *élus* avaient, par conséquent, en eux, la qualité d'éligibles (1).

Pour être élu, soit député, soit électeur, il fallait seulement être citoyen (28-38).

La Constitution de 1791 établissait les deux degrés politiques; c'est-à-dire que les *électeurs élus* élisaient les représentants. Et tandis que les éligibles à la députation n'étaient soumis à aucun cens (art. 3, de la sect. 3 du ch. 1er du tit. 3); les éligibles aux fonctions d'électeur étaient soumis à la condition de posséder un revenu de 100 à 200 journées de travail (art. 7 de la sect. 2).

La Constitution de l'an III ne posait point de conditions de cens pour les éligibles à la députation (art. 74, 83). Mêmes conditions que dans la Constitution de 1791, pour les éligibles aux fonctions d'électeur (art. 35).

La Constitution de 1789 (décret du 22 déc.) exigeait, comme je l'ai dit, pour qu'on fût citoyen actif, une contribution directe de la valeur de trois journées de travail, et pour être éligible aux fonctions d'électeur, une contribution directe de la valeur de dix journées de travail, au moins (art. 3 et 19 de la sect. 1re).

Ainsi, point de cens exigé pour la députation, si ce n'est celui exigé des citoyens actifs; cens exigé pour être *électeur élu* : telles sont les règles dominantes dans les Constitutions.

Je crois qu'on soulèverait, bien inutilement, d'assez ardentes passions si, maintenant, on exigeait un cens quelconque, soit pour être député, soit pour être *électeur élu*. Le cens, si on l'exigeait, serait nécessairement peu considérable. Quelle garantie y trouverait-on?

---

(1) Les *électeurs élus* formaient des assemblées électorales (art. 27 et 28), chargées de nommer les administrateurs de départements et de districts (art. 80), et les juges (91, 97, 100).

Nous sommes dans l'impérieuse voie d'une confiance absolue au bon sens public. Espérons que cette confiance ne sera pas trompée, et que les choix, pour la députation et pour les assemblées électorales, tomberont sur des hommes qui réuniront l'amour de l'ordre à la capacité, et même qui tiendront au sol par la propriété, quoique la condition ne leur en soit pas imposée.

13. — Nominations administratives et judiciaires.

Une des missions données par les Constitutions de 89, 91, 93, an III, aux assemblées électorales, était de nommer les administrateurs de département et les juges. (Art. 2 de la sect. 2 du déc. du 22 déc. 1789; tit. 6 de la loi des 16-24 août 1790; art. 2 de la sect. 2 du ch. 4 du tit. 3, et art. 2 du ch. 4 de la Constitution de 1791; art. 41 de la Constitution de l'an III.)

Quelqu'un pense-t-il, maintenant, à faire nommer par l'élection populaire les chefs d'administration départementale? Les raisons sont nombreuses pour établir, qu'en effet, un tel mode de nomination rendrait l'administration impraticable.

L'élection populaire des juges vaudrait-elle mieux?

La puissance judiciaire est le plus solide rempart de toutes les libertés. Rendez-la donc forte, afin qu'elle exerce, utilement pour tous, son action tutélaire.

Que la magistrature soit inamovible, afin qu'elle n'ait personne à redouter.

Qu'elle soit composée d'hommes d'élite, afin que ses arrêts soient bons et qu'elle ait la confiance de la nation.

Voudrez-vous faire nommer les juges, c'est-à-dire des hommes spéciaux, par des électeurs qui sont étrangers à cette spécialité?

Mais ces électeurs ne pourront agir qu'au hasard; ou bien, ils seront sous l'influence de mille intrigues locales, dont les gens de bien, d'abord, et, par suite, la nation entière seront victimes.

Sans doute, un ministre de la justice peut se tromper dans ses choix; mais lui, du moins, il est spécial en cette matière. Qu'il soit bien choisi, il choisira bien; et les directeurs statueront.

Laissez donc, vous ferez bien, je crois, la nomination des magistrats au gouvernement.

Si je demandais la *continuation* de l'inamovibilité d'aujourd'hui, je paraîtrais mu par mon intérêt. Je m'en tiens à demander l'inamovibilité de la magistrature qui sera *instituée* par la République.

14. — Presse.

Liberté de la presse illimitée, sous l'impérieuse condition de la signature de l'auteur. Clarté, sincérité partout. Plus d'anonyme, plus de responsabilité chimérique. A chacun ses œuvres.

15. — Cultes.

Liberté des cultes, mais protection aux cultes reconnus. Le monde est trop vieux pour qu'il soit admis qu'on puisse aujourd'hui inventer des religions, comme on invente des machines. La sincère adoration de Dieu ne s'improvise pas.

Quant à la nomination des ministres des cultes, consultez le Concordat de l'an x. N'est-ce pas bien ainsi?

16. — Enseignement.

Laissez-y méditer. Ce sera l'objet d'une loi.

Représentants de la France,

Voilà ma proposition.

J'avoue qu'elle est presque une copie de la Constitution de l'an III, et que l'effort d'imagination n'est pas grand dans la principale différence qui consiste à admettre trois directeurs au lieu de cinq.

Mais j'en ai eu la pensé sans influence de souvenir, seulement, le souvenir est ensuite venu fortifier la pensée.

Car, j'ai vu fonctionner la Constitution de l'an III, et la France respirait. Le sanguinaire cauchemar de 93 avait disparu.

Les esprits droits ont pu être partisans de la légitimité.

La légitimité, était de droit divin, ni plus ni moins que tout ce qui arrive ici bas. Dans la réalité, elle n'était que l'usurpation transformée en droit par la consécration des siècles. Mais, comme elle portait en elle un principe de stabilité, et que sa constitution était autrement libérale que celle de l'empire, on a pu s'y attacher.

Pour qui pense, la République n'en est pas moins le seul gouvernement ra tionnel.

Qu'elle ait un élément de durée, et tous les cœurs se rallieront à elle, tous les esprits prendront confiance en elle.

Chacun en est si pénétré, qu'il n'existe point aujourd'hui, chose sans exemple dans nos annales, de véritable dissidence politique en France.

La plaie du jour, c'est la position des travailleurs.

Je crois que sa guérison sera moins dans les systèmes (plus ou moins contraires à la liberté des transactions), que dans la confiance publique, qui ressusciterait le calme, le commerce, et par suite le travail.

Qu'on tente les systèmes.

Mais nous serons sauvés si Dieu donne à la France foi dans son avenir.

Et elle l'aura si la République fait marcher devant elle, au lieu des faisceaux armés de haches, le rameau d'olivier.

A. de Molènes,
Juge à Paris.

Paris, 17 avril 1848.

Imprimerie de Cosse et J. Dumaine, rue Christine, 2.

www.ingramcontent.com/pod-product-compliance
Lightning Source LLC
LaVergne TN
LVHW010341230826
846091LV00009B/3984

9782019297732